LETTRE

D'UN ETUDIANT

ANGERS, IMPRIMERIE P.-L. BÉCHET, Rue de Lespine, 2.

LETTRE D'UN ÉTUDIANT

A

Messieurs les Membres

DE LA

COMMISSION DES TRENTE

PRIX : **20** centimes.

ANGERS

P.-L. BÉCHET, LIBRAIRE-ÉDITEUR,

Rue bodinier

—

1874

LETTRE

D'UN ETUDIANT

A Messieurs les membres de la Commission des Trente qui proposent de reculer le droit de vote à vingt cinq ans.

Messieurs,

Permettez à un électeur nouvellement inscrit sur les tables du cens et qui bientôt sera peut-être rayé des listes électorales, à un de ceux à qui leur âge ne permettra plus de paraître au scrutin, de vous communiquer les pensées qu'a éveillées en lui votre décision restrictive du suffrage universel

Aujourd'hui encore nous jouissons de nos droits politiques et nous pouvons, par notre vote, être de quelque poids dans les destinées de la France.

Mais cet état de choses est contraire à votre manière de voir et on dirait, en vérité, que la nouvelle génération vous porterait ombrage.

Souvent déjà on avait prétendu que telle devait être votre décision et que nous ne devions pas compter faire longtemps partie du collège électoral. Dans ma naïveté juvénile, il me semblait impossible qu'un tel fait se produisît, et j'espérais toujours que la fatale prédiction ne se réaliserait pas. Mon espoir est trompé, ma déception cruelle, et je me suis vainement demandé quelle pouvait être la cause de cette immense hétacombe, où doivent s'évanouir les projets enthousiastes d'une brillante jeunessse, où doivent devenir désormais inutiles une généreuse ardeur et un dévouement sans limite à la cause du progrès.

Sans doute il est beau de souffrir sans mot dire et méritoire de supporter avec calme et résignation le tort que peut-vous causer une criante injustice. Mais tant de vertu n'est pas donné à tout le monde, et la vertu d'ailleurs, ne consiste pas, que je sache, à courber la tête et à oublier la dignité de soi-même au point de ne pas protester contre le dépouillement de ce qui nous appartient. Car c'est ainsi, Messieurs, que nous autres jeunes gens nous considérons votre loi, et nous ne croyons pas manquer au respect que notre âge vous doit en portant un tel jugement.

Il nous semble étrange à nous que ce bulletin, que nous déposons dans l'urne, puisse paraître quelque chose de séditieux et un danger pour l'ordre moral et la société tout entière. Si on ne nous le retire des mains, en est-ce donc fait de la famille et de la propriété? Ce que, aujourd'hui encore, nous pouvons appeler notre droit, est-il donc une atteinte portée à la dignité humaine, et la société ne saurait-elle tolérer des lois à la confection desquelles nous aurions pris part ? Notre coopération au perfectionnnement de l'édifice social serait-elle donc un danger pour un gouvernement de combat, et le salut public exige-t-il que nous soyons écartés ? On dirait, ma foi, que nous ne sommes pas dignes du droit dont nous jouissons, puisqu'on nous menace, par la plus exorbitante des mesures, de nous mettre en chartre privée. Hier encore nous pouvions voter, demain nous n'aurions plus ce droit ! Pourquoi ce qui était la loi hier, ne le serait-il plus demain ? Pourriez-vous faire commettre à la loi une pareille inconséquence ?......

Pour excuser et motiver cette mesure, triste reproduction de la loi du 31 mai, on allègue que l'homme, jusqu'à 25 ans, n'a pas le jugement suffisamment mûr pour coopérer aux affaires publiques. Si j'insistais sur cette question, vous diriez peut-être, Messieurs, que je ne peux apprécier justement, étant juge et partie, et que mes récriminations seraient dues à un ridicule orgueil.

Cependant il me sera permis de dire que c'est en habituant de bonne heure la jeunesse à se mêler de la chose publique qu'on pourra avoir des citoyens intelligents ; que c'est en lui donnant des droits politiques qu'on lui fera prendre souci de sa dignité, et que l'emploi de son temps sera d'autant mieux réglé, qu'elle sera pour quelque chose dans le gouvernement du pays. En apprenant aux jeunes gens à ne point se désintéresser du mouvement des esprits, vous les détournerez des habitudes frivoles, et vous épargnerez à vos successeurs le triste spectacle d'une nation tombant en décadence par suite de l'éloignement de ses citoyens des affaires de l'Etat.

Eh! Messieurs, ne croyez pas qu'une fois qu'une génération s'est habituée à voir le mécanisme social fonctionner sans elle, elle pourra un jour diriger les affaires. Son indifférence ne se laissera toucher par aucune considération, et la dissolution générale sera le fruit inévitable de votre coupable erreur.

Vous ne devez pas ignorer, du reste, que de tous temps, les peuples, qui ont laissé de glorieuses pages dans l'histoire, sont précisément ceux qui ont fait de l'éducation politique une des plus importantes parties de l'instruction de la jeunesse.

Mais, je le sais, on semble aujourd'hui vouloir éloigner la jeunesse des préoccupations publiques. « Pour plus tard, dit-on, les affaires sérieuses; éloignons les jeunes gens de cet immense traquenard; ils sauront assez tôt ce que c'est que la politique. » Ce n'est pas seulement, en effet, qu'on veuil'e nous refus r le droit de vote jusqu'à 25 ans ; mais l'on fait encore tout ce que l'on peut pour nous distraire des affaires du pays et je dirai même du mouvement intellectuel.

Dans les collèges on éloigne scrupuleusement tout ce qui s'écarte quelque peu du classique. On se garde bien de donner aux élèves quelques notions d'économie politique et d'économie sociale, ce qui, en Amérique, dans cet heureux pays où la routine est chose ridicule, se fait tous les jours, sans que personne ne trouve rien à redire. En sortant de pension, les jeunes Américains ne se trouvent pas inexpérimentés et ignorants du mouvement des affaires. Mais chez nous une pareille instruction semblerait subversive et tout serait perdu si on tentait seulement d'introduire une pareille innovation.

Je ne parle pas des institutions cléricales, où toute généreuse aspiration est réprimée sitôt qu'elle se manifeste.

Il est triste que sous un gouvernement d'*ordre moral* de pareilles choses se passent.

Et vous vous étonneriez après cela de voir une partie de la société dédaigner la vie politique et prendre si peu de souci des dissensions qui affligent la patrie !

Ce n'est pas ainsi, Messieurs, que les anciens entendaient les choses. Il est vrai que les anciens sont de vieux radoteurs et que depuis eux le monde a marché. Mais il est bon quelquefois d'avoir recours à eux et de suivre leurs conseils. D'ailleurs nous sommes jeunes, et vous ne devriez pas, ce me semble, nous montrer à être irrespectueux envers les anciens.

Athènes, où les lois de Solon prescrivaient, sous peine d'infamie, de prendre un parti dans une discorde civile, Athènes, le champion de la liberté en Grèce, n'a dû ses grands citoyens qu'à l'empressement qu'elle mettait à initier les jeunes gens à la vie de l'Agora.

A Sparte, dans l'austère Lacédémone, les mères elles-mêmes enseignaient à leurs fils à s'occuper de la patrie avant toute autre chose.

A Rome, ne voyez-vous pas les jeunes gens instruits sur le Forum?

Vous direz peut-être que dans quelques nations des temps anciens, et des plus glorieuses, les droits de citoyen étaient acquis à un âge plus reculé que chez nous. Je le sais ; mais c'était pour ainsi dire un stage politique que l'on faisait faire aux jeunes gens, et les leçons qu'ils recevaient les habituaient de bonne heure à la vie publique. À ce compte-là, on pourrait se consoler d'attendre quelques années de plus ses droits d'électeurs. Instruisez-nous des affaires de l'État; initiez-nous aux rouages du gouvernement ; multipliez les cours, payez des professeurs ; et nos récriminations auront moins de raison, parce que nous saurons alors que votre sollicitude ira nous chercher au sortir de l'enfance pour faire de nous des hommes et de vertueux citoyens.

Mais hélas! cette sollicitude, on a garde de nous la témoigner aujourd'hui, et cela pour des raisons sur lesquelles vous me permettrez de revenir. Pourtant si vous n'assignez pas une étude sérieuse à la première période de la vie, vous ne devez pas vous étonner que beaucoup dépensent futilement leur jeunesse.

Le sort des cités dont nous parlions tout à l'heure ne devrait-il pas vous servir d'exemple? Quand l'esprit de frivolité se fut mis à les envahir, quand une génération eut considéré comme secondaires les intérêts publics, la décadence s'est avancée à grands pas, la dissolution a tout envahi.

Cependant, Messieurs, l'état de la société actuelle devrait, je crois, vous ouvrir les yeux.

Cette absence d'éducation sérieuse, ce désœuvrement ont produit quelques fruits déjà. Ne voyez-vous pas une partie de la jeunesse (l'infime minorité, je dois le dire à son honneur) qui croit n'avoir rien de mieux à faire qu'à user ses souliers sur le bitume des boulevards ou à s'atrophier dans les salons à faire la cour aux femmes du monde, qui croirait se compromettre en s'occupant de choses utiles, et pour qui la science elle-même est sans aucun attrait. Il en est qui font ostentation d'un dédain aussi

grotesque qu'inintelligent pour tout ce qui est
sérieux, qui s'imagineraient être mal notés si on
les supposait accessibles aux idées démocrati-
ques, et qui n'ont pour tout mérite que l'excès
de la sottise. Pour ceux là nous n'avons que le
plus profond mépris ; nous ne les jugeons pas
dignes de partager nos principes et nous plai-
gnons ceux qui osent les admirer. A ceux-là la
honte et la réprobation de ceux qui pensent
fortement, à ces gens la responsabilité de leurs
actes, responsabilité qui pourrait devenir terri-
ble à une époque telle que celle où nous vivons.

Il serait au moins logique d'agir de façon à
faire prendre aux esprits une autre tournure et
d'aviser à des moyens capables de régénérer la
patrie chancelante.

La mesure que vous prenez, Messieurs, est
une mesure de suspicion ; et il faut dire ici toute
ma façon de penser. C'est parce que vous
savez quelles sont les aspirations de la jeunesse, c'est parce que vous savez qu'elle est en
immense partie républicaine et que ses votes
pourraient contrarier vos désirs, c'est pour ces
seules raisons que vous prétendez l'écarter des
urnes électorales. Tous les autres motifs ne sont
que de puériles prétextes, à peine dignes d'être
réfutés. L'expérience des dernières années vous
a clairement démontré nos opinions sur les
différents régimes politiques. Or, comme vous
méditez de renverser ce qui est légal aujour-

d'hui, et que vous n'ignorez pas que nos voies contrarieraient vos menées, vous décidez de nous écarter.

Vraiment, Messieurs, cet expédient me surprend, et je ne me serais jamais imaginé qu'il fût rêvé par des hommes sérieux. Quel résultat voulez-vous donc atteindre par cette mesure d'ostracisme? Il faudra bien un jour que vous comptiez avec nous, et il viendra un temps où nous serons forcément appelés à la direction des affaires. Eh bien! croyez-vous par hasard, que vous vous serez acquis notre sympathie, et que vous aurez fait de nous des partisans dévoués à vos désirs? Croyez-vous que vous aurez modéré cette ardeur qui semble tant vous effrayer, et, qu'en revenant de notre exil, nous nous conformerons à vos vœux? Ce serait une étrange erreur, Messieurs, que de vous bercer de ces illusions.

Non; vous avez peur du progrès, vous avez peur de la liberté, vous avez peur de la République. Nous, nous aimons le progrès, nous adorons la liberté, nous défendrons la République tant que nous aurons un souffle dans la poitrine. Nous avons la conviction profonde, inébranlable, que c'est pour nous le plus impérieux des devoirs de défendre les principes pour lesquels nos pères ont lutté si longtemps, et nous voulons, ne vous en déplaise, suivre les traces paternelles. Nous savons d'où nous sommes issus, nous les fils du peuple de la Révolution, et nous ne sommes pas de ceux qui renient leur origine.

Ah! croyez-le, des décisions comme la vôtre nous réuniront tous, et vous nous trouverez un jour coalisés contre tout ce qui respirera la réaction. Parfois peut-être nous sommes nous laissés distraire de la tâche qui s'impose à nous; mais désormais vous nous avez tracé notre ligne de conduite : nous sommes jeunes, mais malgré cela nous nous tiendrons sur la brèche et nous entraînerons à nos idées ceux qui sont encore indifférents ainsi que ceux dont vous avez su blesser l'amour-propre et le désir de bien faire.

Votre ardeur à étouffer tout ce qui respire l'indépendance ne pourra, j'en ai la ferme conviction, que vous susciter des mécomptes.

Plus on a voulu comprimer les aspirations d'un peuple, plus ses désirs se sont manifestés avec violence. Avant 89, le peuple n'était rien ; on a voulu arrêter son élan légitime : il a fait 93. Peut-être ne serait-il pas superflu de vous rappeler que la Convention était composée d'hommes dont le plus jeune, Saint-Just, n'avait pas plus de 22 ans.

Voilà où nous ont menés toutes les vaines résistances du vieux monde qui tombait en décomposition.

Aujourd'hui n'y a-t il pas une effervescence

générale des esprits causée par un besoin de
réformes et de liberté, que vous ne pouvez mé-
connaître ? Et c'est ce mouvement que vous
voulez arrêter; c'est ce débordement de l'esprit de progrès que vous voulez refouler! Si
j'étais plus âgé, Messieurs, je me permettrais de
vous dire que vous êtes d'un autre monde et
que vous vous exposez à voir mettre un frein à
votre soif de réaction.

Pour nous, jeunes gens, quelle que soit votre
dernière décision, nous n'en serons pas moins
fermement attachés aux principes que vous
avez la prétention de détruire, et, si vous per-
sistez dans la voie où vous vous plaisez, vous
nous trouverez d'autant plus résolus à vous
combattre par les armes pacifiques de la dis-
cussion, que nous vous saurons plus insensibles
aux conseils de la raison.

Si vous réalisez l'intention que vous avez
manifestée contre nous, nous emploierons
d'autant mieux le temps qui nous sépare de
notre majorité politique que nous aurons un
jour plus d'abus à détruire. Malgré l'exclusion
dont nous serons peut-être frappés, nous nous
considérerons toujours comme possesseurs du
droit électoral. Nous subirons votre ostracisme,
parce que toujours nous respectons la loi ; mais
nous attendrons avec patience une époque où la
loi n'aura pas que la force pour soutien.

Eh! Messieurs, ne récriminez pas ; ne vous
insurgez pas d'avance contre un avenir certain;

contemplez de sang-froid le résultat futur de vos travaux. Vous employez toute votre force aujourd'hui à arrêter la Révolution dans son essor, à maîtriser le progrès dans ce qu'il a de plus légitime. La Révolution sera la plus forte; le progrès l'emportera sur vous. L'avenir d'ailleurs ne vous appartient pas; vous avez peur de l'avenir et c'est cette peur mal fondée qui vous pousse dans la voie fatale qui semble vous attirer. L'avenir c'est nous; nous seuls en disposons, et ce ne sont pas quelques lois d'expédient qui pourront vous l'assurer. L'avenir! nous le ferons tel que nos idées le comprennent, et il sera l'opposé de ce que vous souhaitez qu'il soit, parce que nous nous rappellerons vos intérêts égoïstes et que nous saurons qu'il faut couper à la pieuvre toutes ses repoussantes tentacules pour lui ôter la faculté de nuire.

Et puis, en regardant cet avenir, je me console à moitié; car déjà il me semble voir le monde à jamais séparé de vous et tous les citoyens d'une République libre bénir les noms de ceux qui vous auront résisté. Ne dirait on pas, en vérité, que votre colère est le râle des classes dirigeantes, le cri de mort d'une société qui croule!.....

Quant à vous, Messieurs, vous n'aurez laissé dans l'histoire que le triste souvenir d'une résistance aussi insensée que vaine et désespérée.

E. L.-B.
Étudiant en Droit.